ÉDUQUER SON CHIEN À LA GARDE

FRANÇOIS KIESGEN de RICHTER

SOMMAIRE

BIEN CHOISIR SON CHIEN

Un chien de garde doit avoir des aptitudes naturelles à la protection de sa famille et de son habitat, il faut donc choisir une race qui possède des capacités naturelles, d'alerte, de dissuasion et d'intervention.

Même si les races de chien de garde sont prédisposées à l'accomplissement de cette tâche, il conviendra de parfaire leur éducation sous trois aspects : la socialisation, l'équilibre psychologique, et le travail de protection.

Une socialisation prononcée évitera les accidents. Le chien ne doit pas aboyer à tout va sur tout et n'importe quoi, en particulier sur ses congénères. Il devra savoir distinguer un intrus malveillant à un membre de la famille ou un ami.

L'équilibre psychologique du chien s'obtient par le développement de ses capacités naturelles, par le respect de ses besoins et par la complicité avec son maître. Ce dernier point est essentiel : un mauvais maître aura un mauvais chien, qui un jour ou l'autre se montrera dangereux.

L'éducation à la garde n'est pas que le mordant. Le travail du chien à la protection et à la défense du maître demandera au maître beaucoup d'investissement en argent et en temps. L'éducation réalisée, vous devez considérer que votre chien est un chien d'utilisation. Il sera donc indispensable de continuer à l'entraîner de façon à ancrer ses réflexes et à éviter de mauvais comportements.

Votre chien est avant tout votre animal de compagnie,

véritable membre de la famille, vous devez le respecter et l'aimer et non lui attribuer l'unique rôle de garder et protéger. Ce point est très important.

Il sera utile de faire du sport canin comme le RCI, de faire passer le Test d'Aptitude au Travail de Défense à votre chien, puis de préparer votre chien au Brevet de Chien de Défense.

Commençons par le début, comment bien choisir son chien de garde ?

Connaître l'étiologie avant d'éduquer est une démarche indispensable qui vous évitera bien des déboires.

Le chien est avant tout un animal avec des comportements issus de son parcours génétique, il a des besoins spécifiques, en tenir compte vous permettra de mieux appréhender son éducation.

La domestication du chien est intervenue longtemps avant celle de toutes les autres espèces domestiques actuelles. Elle précède de plusieurs dizaines de milliers d'années la sédentarisation et l'apparition des premières fermes agricoles.

Les chiens sont issus du Loup gris (Canis lupus) domestiqué à plusieurs endroits du monde.

L'identité exacte de l'ancêtre du chien a longtemps été un mystère. Des scientifiques subodoraient que les chiens provenaient d'un croisement entre des loups et des chacals.

Les progrès récents ont finalement permis d'établir que le chien est plus proche génétiquement des sous-espèces actuelles de Canis lupus (Loup gris) avec lequel il partage 99,9 % de son ADN.

En 1997, une comparaison de génome sur 300 échantillons appartenant à la lignée des chiens domestiques actuels et à la lignée des Loups gris a montré, que ces lignées s'étaient séparées il y a 35 000 ans.

La découverte d'une lignée de loup aujourd'hui éteinte : le loup Taïmyra est à l'origine de la divergence entre le loup et le chien. Il y a 27 000 ans la séparation devint totale.

Eduquer son chien à la garde

La relation entre humains et canidés sauvages est très ancienne. Des restes de loups ont été retrouvés en association avec ceux d'hommes il y a 400 000 ans.

Les chasseurs-cueilleurs et les loups avaient plusieurs points communs : ils appartenaient à des espèces sociables, ils partageaient le même habitat et ils se nourrissaient des mêmes proies.

Des études ont montré que les louveteaux capturés tout jeunes et élevés par des hommes s'apprivoisaient et se socialisaient facilement, d'autant plus qu'ils dépendaient de leurs maîtres pour leur alimentation.

Cela n'explique toutefois pas leur domestication, puisque ces louveteaux demeuraient des loups. Pour cela l'homme fit s'accoupler des loups domestiqués et commença à en faire l'élevage.

Ainsi naquit le Canis Lupus Familiaris, autrement dit le nom scientifique de votre chien. Et ce quelle que soit sa race.

En sélectionnant les chiens et en les croisant en fonction de leurs aptitudes et de leurs physiques : le plus petit avec le plus petit, celui court sur pattes avec son semblable, le museau le plus plat avec un autre museau plus plat, le plus rapide avec le plus rapide, le plus agile avec le plus agile, les poils longs avec les poils longs…

Il est extrêmement important de savoir que tous les ascendants de nos amis chiens ont commencé leur existence par une évolution commune. Le Canis Lupus (le loup) est le Canis Lupus familiaris (le chien) ont des comportements de base identiques. Les aspects instinctifs de nos chiens sont identiques à ceux du loup.

Le rôle historique du chien a été incontestablement celui de conducteur de troupeaux. Son utilité d'origine a disparu peu à peu au profit d'emplois professionnels ou familiaux.

En dehors du milieu professionnel, le chien doit être un chien de famille. Un compagnon de tous les jours et de tous les instants.

Nous allons tordre le cou immédiatement à une idée reçue qui consiste à séparer les chiens en lignée de famille et lignée de travail, et à penser que seule cette dernière permet d'avoir du chien garde.

Le chien de garde relève en France de la commission d'utilisation nationale du chien de berger et de garde (CUNCBG).

Les races suivantes sont habilitées au mordant et donc seules peuvent faire l'objet d'une éducation spécialisée à la garde :

AIREDALE TERRIER, BERGER ALLEMAND, BERGER ALLEMAND POIL LONG, BERGER BLANC SUISSE A POIL LONG, BERGER BLANC SUISSE A POIL MI-LONGS, BERGER DE BEAUCE, BERGER DE BRIE Fauve, BERGER DE BRIE Noir - Ardoise - Gris, BERGER DE PICARDIE, BERGER DES PYRENEES à Face Rase, BERGER DES PYRENEES à Poil Long, BERGER HOLLANDAIS à Poil Court, BERGER HOLLANDAIS à Poil Dur, BERGER HOLLANDAIS à Poil Long, BORDER COLLIE, BOUVIER D'AUSTRALIE, BOUVIER DES ARDENNES, BOUVIER DES FLANDRES, BOXER Bringé, BOXER Fauve, CANE CORSO, CHIEN DE BERGER BELGE Groenendael, CHIEN DE BERGER BELGE Laekenoi, CHIEN DE BERGER BELGE Malinois, CHIEN DE BERGER BELGE Tervueren, CHIEN DE BERGER CATALAN, COLLEY à Poil Court, COLLEY à Poil Long, DOBERMANN Marron et Feu, DOBERMANN Noir et Feu, DOGUE DES CANARIES, DOGUE MAJORQUIN, FILA DE SAINT MIGUEL, HOVAWART, KELPIE AUSTRALIEN, ROTTWEILER, SCHNAUZER GEANT Noir, SCHNAUZER GEANT Poivre et Sel, TERRIER NOIR RUSSE.

Il existe trois notions clés en classement canin : les races, les catégories, les groupes.

Nous allons aborder les catégories qui classent la

dangerosité des chiens.

Les chiens de catégorie 1 sont des chiens d'attaque qui sont le fruit de croisements et qui ne sont pas reconnus par le LOF (le livre des origines françaises des différentes races de chiens). Ils sont interdits dans les transports en commun, les lieux publics et les parties communes des habitations collectives. Ils sont autorisés sur la voie publique mais seulement s'ils sont en laisse et muselés. Depuis la loi de 2008, il est interdit d'acheter ou de vendre ces chiens. Toutefois, si un propriétaire détenait l'un de ces chiens avant 2010, il peut le garder en ayant un permis de détention et une carte d'identification. Le propriétaire doit toujours avoir les documents sur lui. Ce permis lui est accordé après une journée de formation à la suite de laquelle il a été déclaré apte à posséder ce genre de chien. La catégorie 1 des chiens - (telle que définie à l'article 211-1 du code rural) - est les chiens assimilables par leurs caractéristiques morphologiques aux chiens de race American Staffordshire terrier, type de chiens communément appelé « pit-bulls ». Les chiens assimilables par leurs caractéristiques morphologiques aux chiens de race Mastiff, communément appelés « boerbulls ».

Les chiens de catégorie 2 sont des chiens de garde et de défense, qui contrairement à la catégorie 1 sont reconnus par le LOF. Les propriétaires de ces chiens ont les mêmes contraintes administratives que pour les chiens de catégorie 1. Par contre, ils sont autorisés à circuler n'importe où, en compagnie de leur maître, à condition d'être muselés et tenus en laisse. il s'agit de chiens LOF, American Staffordshire terrier, Rottweiler race Tosa et tous les chiens assimilables par leurs caractéristiques morphologiques aux chiens de race Rottweiler ou Tosa, sans être inscrits à un livre généalogique reconnu par le ministre de l'agriculture et de la pêche.

Les groupes, divise l'espèce canine en 10 groupes dans lesquels figurent des races ayant un certain nombre de caractères distinctifs communs :

Groupe 1 : Chiens de Berger et de Bouvier (sauf Chiens de Bouvier Suisses), Groupe 2 : Chiens de type Pinscher et Schnauzer - Molossoïdes - Chiens de Montagne et de Bouvier Suisses et Autres Races, Groupe 3 : Terriers, Groupe 4 : Teckels, Groupe 5 : Chiens de Type Spitz et de Type Primitif, Groupe 6 : Chiens Courants, Chiens de Recherche au Sang et Races Apparentées, Groupe 7 : Chiens d'Arrêt, Groupe 8 : Chiens Rapporteurs de Gibier - Chiens Leveurs de Gibier - Chiens d'Eau, Groupe 9 : Chiens d'Agrément et de Compagnie, Groupe 10 : Lévriers.

Si vous êtes débutants, si c'est votre premier ou deuxième chien, si ce n'est pas votre passion mais que vous voulez un chien de garde, vous devez choisir un chien de catégorie 3, dans le groupe 1.

Je limite ma présentation à deux races, Bergers Allemands et Berges Belges Groenendaels, Tervuerens et Malinois. Tout simplement car ces deux races sont les plus utilisées par les professionnels.

Le Berger Allemand. L'élevage du Berger Allemand démarre en 1 889. Le but était de créer un chien d'utilité, très intelligent et fort physiquement pour la garde des troupeaux. À la fin du XIXe siècle en Allemagne, comme l'industrialisation était en train de provoquer la fin de l'élevage des moutons, un groupe de cynophiles décida alors de sauver les races de berger. C'est ainsi qu'à partir du croisement entre des Bergers de Württemberg et des Bergers de Thuringe, ces passionnés ont obtenu une nouvelle race qui est devenue le Berger Allemand. C'est un chien courageux, intelligent, obéissant et fidèle. Le Berger Allemand a un esprit sain dans un corps sain. Il est sûr de lui, réceptif, disponible en permanence. À la maison, l'apprentissage de la hiérarchie et du respect doit se faire dès son plus jeune âge. Il faut savoir rester ferme mais juste. Le Berger Allemand comprend vite et ne demande qu'à apprendre. Son environnement compte beaucoup, il doit y trouver un équilibre. Il est exigeant sur le plan affectif. Un Berger Allemand a besoin de se dépenser physiquement. Le Berger Allemand est le chien d'un seul maître. Il est très protecteur d'instinct. Il sera méfiant à l'égard des étrangers. Cette méfiance naturelle fait du Berger Allemand un très bon chien de garde.

Le Berger Belge. Il existe quatre variétés de Bergers Belges, qui sont : le Groenendael à poil long noir, le Malinois à poil court fauve et charbonné, le Tervueren à poil fauve avec des traces de charbonnées et le Laekenois au poil dur fauve avec trace de charbonnée. À la fin des années 1800, on avait en Belgique une foule de chiens conducteurs de troupeaux, dont le type était hétérogène. Les robes étaient d'une extrême diversité. Afin de mettre un peu d'ordre dans cet état de choses, des cynophiles passionnés constituèrent un groupe et se laissèrent éclairer par le professeur A. Reul, de l'École de Médecine Vétérinaire de Cureghem, que l'on peut considérer comme le véritable pionnier et le fondateur de la race. C'est entre 1 891 et 1 897 que la race naît officiellement. Le 29 septembre 1891 se fonde à Bruxelles le « Club du Chien de berger belge » et la même année encore, le 15 novembre, le Professeur A. Reul organise à Cureghem un rassemblement de 117 chiens, ce qui permit d'effectuer un recensement et d'opérer un choix des meilleurs sujets. Les années suivantes on commence une vraie sélection, en pratiquant une consanguinité extrême sur quelques étalons. Le 3 avril 1892, un premier standard de race fort détaillé fut déjà rédigé par le « Club du Chien de berger belge ». Une seule race fut admise, avec trois variétés de poil. Toutefois, comme on disait à l'époque, le berger belge n'était qu'un chien de petites gens, donc une race qui manquait encore de prestige. Par conséquent, ce n'est qu'en 1901 que les premiers bergers belges ont été enregistrés dans le Livre des Origines de la Société Royale Saint-Hubert (L.O.S.H.). Au cours des années qui suivirent, les dirigeants cynophiles de la race des bergers belges se mirent avec ténacité à la tâche pour unifier le type et corriger les défauts. On peut dire que vers 1910 le type et le caractère du berger belge étaient déjà fixés. Au cours de l'histoire du berger belge, la question des diverses variétés et des couleurs admises a donné lieu à beaucoup de controverses. Par contre, en ce qui concerne la morphologie, le caractère et l'aptitude au travail, il n'y a jamais eu de désaccord. Le Berger Belge est un chien nerveux, exclusif, sensible, au caractère fort, c'est un hyperactif. Il lui faudra une éducation ferme, douce et patiente. Le Berger Belge est un chien nerveux, très actif, son éducation devra être pointue. Il est d'une intelligence vive. C'est un chien émotif, qui demande un apprentissage précis pour éviter les peurs, une fois bien éduqué il se montrera intraitable en garde et en protection. Aujourd'hui je fais confiance à un couple de Bergers Belges, pour la garde de chez moi. Mais, avant de choisir un Berger Belge, il sera indispensable d'avoir du vécu, car il est un peu plus délicat à maîtriser qu'un Berger Allemand.

À PROPOS DU MAÎTRE

Le maître non professionnel d'un chien d'utilisation à la garde et à la défense à des responsabilités. Il devra veiller à ce que le chien ait la place qu'il doit avoir dans la famille. La famille devient pour le chien la représentation de la meute. Le rôle du chien dans le clan est important. C'est au maître de fixer la hiérarchie. Le chien au début essayera de s'imposer comme le chef. La majorité des problèmes de comportements canins viennent de ce que le chien n'est pas à sa place au sein de la famille.

Le maître, doit apprendre à interpréter intelligemment les codes de communication du chien qui de son côté cherchera à interpréter les codes, du maître voir à les anticiper.

Si vous avez des enfants, il sera indispensable de leur apprendre les positions d'apaisement du chien. Aussi il faudra leur expliquer les limites de l'interaction avec le chien.

Nous verrons que le chien de garde à vocation à prendre des initiatives selon des codes bien précis, c'est une éducation qui est pointue et qui dure longtemps, puis qui doit être entretenue. Le maître entraînera le chien au mordant uniquement avec un professionnel titulaire d'une capacité au mordant. Le maître sera toujours présent pendant les séances d'entraînement. Le maître doit toujours veiller à la qualité des professionnels qui l'accompagne.

L'éducation commence par l'école du chiot jusqu'à six

mois, puis se poursuit par l'éducation aux positions de fixation jusqu'à 12 mois qui continue progressivement vers l'éducation spécialisée.

Il faut minimum deux leçons semaines et un travail quotidien. En club vous pourrez ensuite choisir l'activité RCI ou le Ring.

Je définirais les qualités du maître ainsi : calme, passion, amour, rigueur et ténacité.

RÈGLES ÉLÉMENTAIRES

Le Chien de Garde a acquis des réflexes. S'il est seul il agira selon sa conscience, et un inconnu sera obligatoirement un malveillant, et le chien agira car il a été éduqué pour cela.

De dehors un chien de garde doit pouvoir vous alerter. Après l'alerte il attendra votre décision, si vous n'êtes pas là, il interviendra de lui-même, en fonction des circonstances il se référera à son instruction.

Un panneau qui prévient qu'un chien monte la garde ne dispense pas d'être prudent, mais est obligatoire. Vous devez avoir un panneau par issue.

Personnellement mes chiens sont dedans si je sors et dehors si je suis présent. Quand ils sont dehors ils préviennent et ils m'attendent.

La prévention est la base de la garde, le chien doit toujours prévenir et n'intervenir qu'en cas de danger avéré.

Il y a trois degrés d'alerte : l'aboiement, le grognement, et l'attaque (ou défense). Si le danger est écarté le chien doit revenir immédiatement en position de vigilance.

En général la position de grognement dissuade l'éventuel agresseur. Si malgré tout l'agresseur poursuit, le chien aura un mordant très fort, et ne relâchera que sur ordre, cette action se nomme l'immobilisation.

Le mordant a des règles précises. Le chien est entraîné à mordre et surtout à tenir son mordant. Il a été entraîné pour cela. C'est pour cette raison, qu'il ne devra jamais répondre à une simple provocation.

Eduquer son chien à la garde

Un chien parfaitement éduqué saura doser sa réponse à un danger : il préviendra, analysera la nature de l'agression et interviendra juste de raison.

Vous devez entraîner le chien à attaquer sur ordre, mais aussi à avoir son propre jugement, et il faudra lui faire confiance, car il aura appris.

Pendant toute la phase d'éducation vous devez surveiller le chien, c'est un apprenti.

Vous ne devez pas commencer la phase de travail au mordant avant l'obtention du CSAU (certificat sociabilité et d'aptitude à l'utilisation), et du TAN (test d'aptitudes naturelles).

Si le rappel n'est pas intégralement maîtrisé, ou si le stop n'est pas parfaitement acquis, ne commencez pas la phase d'éducation à la garde.

Vous devez enseigner au plus tôt la phase de refus d'appât à votre chien. Un chien mange un repas équilibré à heure fixe, en toute tranquillité pendant vingt minutes. Il n'accepte rien d'autre, sauf vos friandises en éducation. Évidemment il a de l'eau propre en permanence.

Vous devez passer à l'enseignement de la phase reconnaissance des aliments dès l'âge de six mois. Le chien ne prend que ce qu'il reconnaît, et seulement la nourriture présentée par son maître. Vous diminueriez le risque de voir votre chien touchez à des aliments empoisonnés.

Le chien doit être sociable, c'est primordial, essentiel, c'est la base de tout. Nous allons tordre le cou à une idée reçue. Si vous interdisez à vos proches, à vos amis, à des tiers de caresser le chien, vous faites une grosse connerie, le chien de garde ne fonctionne pas ainsi. C'est exactement l'inverse. Il analyse le danger, donc s'il n'y en a pas, il est un gentil toutou qui se laisse caresser, communique, et interagit avec les autres.

Vous devez habituer le chien par contre à ne pas manger ce qui lui est offert par une autre main que la vôtre. Si vous devez un jour confier le chien, il faudra l'habituer à la personne qui le nourrira quelques jours avants. N'oubliez pas que ce sera sa gamelle et sa nourriture habituelle. J'ai personnellement deux amis de confiance, qui sont habitués à garder mes chiens.

Je vous invite aussi à ne jamais attacher votre chien de garde chez vous, surtout lorsque vous êtes avec des amis, même si vous faites une fiesta. L'attache est une position de soumission et d'excitation, votre chien va mal la vivre. Il faut préférer habituer votre chien à respecter des codes dans toutes les situations. Mes chiens ont été habitués à prendre leurs distances, et vont donc se mettront naturellement en recul du bruit, et des sollicitations. Ils n'approcheront pas et resteront calmes et vigilants.

Vous devez habituer votre chien bien avant l'éducation à la garde à tous les bruits et il ne devra pas avoir peur. Pour y arriver il faut utiliser l'immersion progressive, qui sera enseignée dans ce guide. Coup de feu, cri, feux d'artifice, avion qui passe le mur du son, tambours, trompette mes chiens restent sereins. J'appelle cela la méthode du calme olympien.

Nous allons tordre le cou à une autre idée reçue. si le chien voit quelqu'un chez moi comme ami et si cette personne vient à l'improviste, le chien n'interviendra pas ? C'est absolument faux. Le chien a appris à mesurer le danger. Il n'y a que vous qu'il ne testera plus après son adolescence. Votre ami ou pas, le chien entamera les phases de précautions : l'aboiement, le grognement, puis la position d'attaque. À ce stade votre ami à fait demi-tour.

Puisque nous y sommes, nous allons tordre le cou à une énième idée reçu, qui consiste à tester un chien in situ par un quidam. Êtes-vous fous ? En voulez-vous à quelqu'un à ce point pour le mettre en danger ? Seul un éducateur au mordant dûment habilité peut tester un chien ! L'éducateur avec qui vous travailler peut vous le proposer. Lui et personne d'autre !

Le chien intervient, vous donnez l'ordre « stop » et le chien se mettra en position de vigilance accrue. Ensuite vous exigez de l'agresseur de s'allonger au sol, puis vous prévenez les autorités.

Le chien intervient, vous n'êtes pas là. Avez-vous pris la précaution d'avoir un voisin vigilant qui va prévenir les autorités et vous prévenir ? Votre voisin ne doit surtout pas s'approcher du chien. Il prévient par téléphone.

Dans tous les cas je vous conseille, d'avoir les papiers du chien, son carnet de vaccination, et votre licence CBU de club, ce sera plus simple.

Prenez tout de suite les témoignages des gens qui connaissent votre chien et peuvent témoigner qu'il est bien éduqué.

Un chien de garde éduqué vous fera prendre moins de risque qu'un chien non éduqué qui sera surpris chez lui ? Ce dernier aura une poussée d'agressivité. Ce sera bien pire que l'intervention d'un chien équilibré, qui est éduqué à intervenir et qui est psychologiquement sûr de lui.

Nos politiques ne mesurent pas les risques encourus avec des chiens classés d'utilisation et qui ne sont pas éduqués. Tous les maîtres devraient éduquer leurs chiens s'ils sont classés de garde et habilités au mordant.

Nous terminerons avec le risque de bavure, de la grosse bêtise, du coup de sirocco pour une femelle en chasse. Le chien n'est pas un robot, mais un être sensible. Il n'est pas possible de tout prévoir, d'avoir tout anticipé. Et si le chien fait une grosse boulette, alors il faudra que vous assumiez.

Un chien éduqué, avec une évaluation parfaite de son comportement par son éducateur, est un chien qui saura évaluer une situation. Un chien, pas éduqué, ou pire éduqué avec violence, sera un danger.

Il était indispensable de parler des préliminaires avant d'aborder l'éducation à la garde et à la défense.

CHOISIR SON CHIOT

Je vais d'abord, parlez de vous, futur maître, avant de vous livrer un lot de conseils sur le choix de votre chiot. La petite boule de poil, c'est tout beau, tout mignon. Êtes-vous sûrs de votre choix ? Un chien de garde c'est pour 12 à 14 ans de vie commune avec un compagnon qui a un tempérament de feu et de l'énergie à revendre.

Le fait que vous soyez sportifs sera un point positif. Si vous avez du leadership c'est génial. Avec un chien d'utilisation il faut de la fermeté mais jamais de surplus d'agressivité. Votre chien ne devra jamais être dominé ni dominé.

Le jeu est le secret pour établir une connivence avec votre chien. Si vous associez le jeu et la récompense alors ce sera gagné. Mais attention, l'usage de la récompense est un art. L'objectif n'est pas d'avoir un chien dépendant à la croquette, surtout pour en faire un chien de garde.

Je vais faire des grincheux, mais un futur chien de garde ne s'achète pas en animalerie, et surtout pas chez un particulier qui aurait de magnifiques chiots sans LOF. Vous achèterez le chien dans un élevage trié sur le volet. Une astuce, observez le LOF des parents et vous remarquerez des annotations du CSAU et du TATD qui sont repérables sur les annotations du LOF. Le CSAU est pour vous une garantie de savoir que le père et la mère, ou au moins l'un des deux sont sociables. Si vous voulez plus de garanti sur votre futur chien de garde alors il faut vérifier si les géniteurs ont le TAN (Test d'Aptitude

Naturelle). C'est un véritable gage sur les qualités intrinsèques de votre compagnon. Le top, c'est que les deux parents ou l'un des deux aient un TATD (Test d'Aptitude au Travail de Défense). Je vous invite à demander à l'éleveur tous les tests d'aptitude passés par les géniteurs et aussi à quels concours ils ont participé et quels classements ils ont eus. Pour les Bergers Belges il faut consulter le Club du Chien de Berger Belge et vous abonnez à l'aboi qui donne toutes les informations sur les concours et les tests d'aptitude. Vous pouvez aussi contacter les dirigeants du CBB pour avoir des informations. Pour le Berger Allemand l'idéal est que les géniteurs aient le CSAU, le TAN et la Körung. Il faut vous adresser au Club officiel du Chien de Berger Allemand, et vous abonnez à la revue du berger allemand.

Nous allons torde le cou une fois de plus à une idée reçue. Un chien dominant cela n'existe pas. Le chien réagit à un phénomène de meute, il ne sera jamais dominant ou soumis, il évoluera dans une palette de comportements en fonction du contexte. Par contre un chien peut avoir plus ou moins de caractère et c'est très différent car l'éducation jouera alors pleinement son rôle. Un chien garde doit avoir du caractère.

Un chiot destiné à l'utilisation se réserve tôt. Il vous faudra venir visiter l'élevage. Vous devez visiter le site du club de la race. S'il y a une portée elle sera annoncée sur le site.

Vous devrez visiter l'élevage, il ne faudra pas décider avant, et surtout pas par téléphone. Vous téléphonerez pour une visite.

Lors de la première visite de l'élevage, faites confiance à votre instinct, soyez observateurs, questionnez l'éleveur. Avec ce livre vous saurez déjà beaucoup de choses. Vous allez choisir un chien destiné au travail de garde et de défense. Vous allez lui confier la garde de votre maison et la défense de votre famille. C'est très intime. Vos enfants joueront avec votre chien.

Si vous vous trompez et que le chien ne répond pas à vos attentes vous ne pourrez pas revenir en arrière. C'est la raison pour laquelle je conseille d'être très attentif aux géniteurs, et de faire un test de Campbell avec le chiot pressenti.

Ce test est très utile si l'on n'attend pas d'autres résultats que ceux prévus à l'origine par ce test : ce n'est ni un test d'intelligence ni un test d'aptitude, et l'on ne peut donc pas considérer qu'il va nous fournir des indications allant dans ce sens.

Le test se fait entre quarante à cinquante jours, il dure une demi-heure. Il faut choisir un lieu isolé, tranquille, n'offrant aucune distraction, et clos. Il doit y avoir une entrée parfaitement identifiable. Il est indispensable que ce lieu, situé à l'extérieur ou à l'intérieur, soit absolument inconnu du chiot.

Le futur propriétaire du chiot doit le test, pas l'éleveur. Le test permet de mesurer le futur lien chien - Maître.

Si l'éleveur vous dit qu'il a déjà soumis la portée au test, demandez-lui gentiment l'autorisation de le refaire vous-même. S'il refuse, à vous de juger l'éleveur. Sûrement sa notoriété est surfaite. Méfiez-vous des éleveurs qui refusent, ce n'est pas eux qui gèrent la SPA.

Vous prenez vous-même le chiot que vous envisagez et vous le conduisez dans la zone choisie pour le test. Cette zone est évidemment convenue avec l'éleveur.

Vous ne devez pas parler au chiot, ni l'encourager, ni le caresser. Si le chiot fait ses besoins pendant le test, ignorez la chose et ne nettoyez l'endroit que quand le chiot sera parti.

Attraction sociale : Posez délicatement le chiot au centre de la zone de test et éloignez-vous de quelques mètres dans la direction opposée à celle de l'entrée. Accroupissez-vous ou asseyez-vous en tailleur et tapez doucement dans vos mains pour attirer le chiot, le chiot doit vous rejoindre.

Aptitude à suivre : Partez d'un point situé à proximité

du chiot et, éloignez-vous de chiot en marchant normalement. Le chiot doit vous suivre tout de suite.

Réponse à la contrainte : Accroupissez-vous, retournez délicatement le chiot sur le dos et maintenez-le dans cette position pendant 30 secondes environ en laissant votre main sur sa poitrine. Le chien se rebelle puis se calme et vous lèche.

Dominance sociale : Baissez-vous et caressez doucement le chiot en partant de la tête et en continuant par le cou et le dos. Le chiot se retourne et vous lèche les mains.

Dominance par élévation : Prenez le chiot sous le ventre en croisant vos doigts, les paumes des mains vers le haut. Soulevez-le légèrement du sol et maintenez-le ainsi pendant 30 secondes environ. Le chiot se rebelle puis se calme et vous lèche les mains.

Le test complet est modulable, en fonction des réponses, mais je vous ai donné les meilleures réponses du chiot.

Certains chiots ont tendance à réagir d'une façon dominante et agressive et pourraient même mordre. Ils ne conviennent pas à des enfants ou à des personnes âgées. Je les déconseille pour la garde et la défense, ils seront très délicats à éduquer.

Certains chiots ont tendance à dominer et à se distinguer, sans toutefois atteindre des excès une éducation douce et cohérent sera impérative. Ils ne sont pas recommandés dans les familles où vivent déjà des enfants en bas âge ou d'autres chiens du même sexe. Ils peuvent convenir à la garde et à la défense, mais demanderont du doigté.

Certains chiots, sont extrêmement soumis, devront recevoir beaucoup de douceur et de gratifications pour avoir confiance en eux et parvenir à s'adapter le mieux possible au milieu humain. Ils cohabiteront difficilement avec des enfants. Je les déconseille pour la garde et la défense.

Le chiot a répondu comme je vous l'ai indiqué, alors il a un degré élevé de docilité qui permettra de l'éduquer à la défense.

Maintenant vous pouvez réserver votre bébé. Vous poserez une option ferme et vous donnerez un acompte.

Considérez qu'un mâle à plus de caractère est inexact, chaque chien est influencé par ses gènes et son environnement. Les gènes sont connus si vous prenez une lignée avec un LOF, ce sera à vous de créer l'environnement adéquat.

Vous viendrez voir l'évolution de la portée lors d'une deuxième visite dès que les chiots auront deux mois. Vous confirmerez votre choix.

S'il vous plaît ne fixez pas votre futur chiot dans les yeux. C'est votre futur chien de garde, il est votre ami, il sera aussi toujours votre protecteur, mais vous serez aussi le sien. Il exige de la réciprocité. En ring vous n'êtes jamais la cible, vous resterez le conducteur. Prenez déjà les bonnes habitudes. Ce qui prime, c'est le respect.

L'ARRIVÉE DU CHIOT

Avant de voyager, vous avez réglé les dernières formalités, et vous avez été particulièrement attentifs aux vaccinations. Vous avez un carnet de santé, un Livret des Origines Familiales, et une facture.

Pour votre voyage, sachez que le chiot est un être fragile qui va pour la première fois vivre ce qui est pour lui un drame. Alors soyez compréhensifs envers votre chien.

Vous ferez une halte par heure. Vous avez de l'eau, une gamelle, du papier absorbant, deux serviettes, une vieille chemise à vous.

Pourquoi vous demandez-vous ? Eh bien la chemise va beaucoup servir plus tard car elle sera imprégnée de votre odeur, et deviendra une ancre pour le chien. L'éducation du chien de garde commence dès maintenant.

Lorsque le chiot entre à la maison, il faut qu'il trouve un coin prêt pour lui. Il aura un panier avec un tapis moelleux. S'il vous plaît éviter l'osier car le chiot va déchiqueter et engloutir des morceaux. Vous aurez prévu deux écuelles si possible en acier et des jouets. Il devra y avoir deux types de jouets, pour s'amuser, et pour travailler.

Je vous conseille la marque Kong car elle convient au futur chien de garde qui aura une belle mâchoire. Ne donnez pas de jouets en mousse ou en plastique que le chiot va détruire et dont il avalera des morceaux. Je préconise une balle ronde, une balle ovale et une barre en élastomère.

Eduquer son chien à la garde

Le poids des chiens pèse sur leurs articulations non protégées par du poil, et cela engendre des calcites aux coudes des pattes. Pour cela optez pour un coussin de panier très confortable et si possible avec une housse lavable.

Il ne faudra pas donner ses jouets au chiot. Vous devrez attendre au minimum trois jours avant de jouer avec lui. Ensuite vous pourrez laisser à la disposition du chiot des jouets et notamment il pourra être incité à mordiller. Un tout-petit de mordant si petit vous demandez-vous ? Ce n'est pas du mordant c'est du travail sur l'instinct qui vous fera gagner un temps précieux.

Les autres jouets vous les garderez pour jouer avec le chien. Cette procédure est la base de l'éducation du chien de garde.

Le chiot en arrivant va devoir s'habituer à son chez lui et à sa nouvelle famille. Soyez patients, laissez le chiot prendre ses marques. Vous devrez attendre que votre chien soit en sécurité et se sente protégé.

À son arrivée, vous allez d'abord continuer les câlins. Puis doucement à son grès laisser le chien explorer sa nouvelle maison. À ce moment-là, il y aura peut-être un besoin urgent. Faite comme si de rien n'était. S'il vous plaît ne montrez pas au chien que vous nettoyez, ne marquez pas le moment des besoins sinon vous augmenterez le temps que le chiot mettra à être propre. Et si vous avez un jardin, vous pourrez anticiper le moment du besoin urgent. Votre chiot sera très vite propre.

Le chiot fourrera son museau partout, laissez le faire pour qu'il puisse se familiariser avec son milieu. Comme il va à un moment faire une bêtise, votre première leçon d'éducation va commencer.

Vous devez savoir dire « Non » et de façon sèche. Pour un futur chien de garde c'est très important.

Ne vous inquiétez pas, si vous devez répéter. Pendant les deux premières semaines, c'est juste un « Non » que vous répéterez autant de fois que nécessaire. Surtout il ne doit pas y avoir de punition.

Ne vous précipitez pas au moindre gémissement du chien, sous peine d'en faire un mauvais comportement.

Le chien vit sa vie, vous vivez la vôtre. Ce n'est pas le chien qui décide.

Éviter l'accident en apprenant à bien soulever le chiot, mettez une main sur la poitrine, mettez l'autre main sous les fesses.

Après une semaine, vous direz « Non » pas plus de deux fois. Si le chien continue, vous n'insisterez pas. Vous changerez de stratégie. Rappelez-vous c'est un futur chien de garde donc vous ne criez pas. Et vous ne touchez pas le chien.

Vous allez créer une ancre. Retenez que l'ancrage est une excellente technique. Vous allez associer l'ordre « Non » à un bruit. J'ai choisi la bouteille d'eau en plastique vide que j'ai remplie de petits cailloux et que j'ai bien bouchonnée. Vous lancerez la bouteille à droite ou à gauche du chien en donnant sèchement l'ordre « Non ». S'il vous plaît ce n'est pas un jouet mais un outil d'éducation, alors ne donnez pas la bouteille au chiot. Je dis à droite ou à gauche et suffisamment loin de lui. C'est juste fait pour détourner son attention. L'erreur sera de toucher le chien avec la bouteille car vous le rendrez peureux.

Le chiot devra rester une semaine dans sa maison avec sa famille. Il ne devra pas rester seul car il serait désorienté et stressé. Et malheureusement votre chiot répondra à sa façon à son déséquilibre.

Ensuite après une semaine, sortez et laissez le chien seul cinq minutes puis revenez. Félicitez-le, il n'a rien fait, il sera content de vous revoir. S'il a fait un besoin, ou une bêtise, faite comme si e rien n'était. Vous pourrez diminuer le temps, et mettre trois minutes.

En général nous commençons par cinq minutes, puis dix minutes, faites-le tous les jours, et augmentez la durée. Le chien n'a pas la notion du temps. Mais, il a peur de

Eduquer son chien à la garde

l'abandon. Alors transformez la notion d'abandon en attente positive. Plus tard, vous allez confier votre maison à votre chien. Alors ne loupez pas cette éducation de base.

À partir de deux semaines chez vous le chien devra sortir et là aussi vous devrez respecter une procédure. Pour sa première sortie le chien sera avec une laisse et un collier en cuir et surtout pas de collier étrangleur et encore moins de collier électronique.

Un conseil très important, il ne faudra jamais que votre chiot qui est un futur chien de garde attrape la trouille de sa vie en se trouvant pris à partie par un congénère adulte.

Vous maîtrisez le premier commandement qui est le « Non ». Vous allez travailler l'« Au pied ». Vous vous rendez dans un endroit calme et vous allez apprendre au chien à marcher à côté de vous. Commencez par mettre votre chien à votre gauche, puis commandez « non du chien - au pied » et avancez la jambe gauche. Le mousqueton doit tomber librement, le chien doit avoir les épaules au niveau de votre genou. Le chien doit vous suivre mais pas vous devancer. Surtout allez-y doucement, vous ne corrigez pas le chien, vous lui apprenez. Ne vous inquiétez pas, il comprend.

Votre ordre sera toujours « non du chien - au pied » et vous ramènerez délicatement le chien en bonne position.

J'ai dit délicatement car c'est un chiot. Mais il a le droit de sortir, et en tout cas il ne doit pas apprendre un mauvais comportement. N'allez pas vous compliquer la vie, pour plus tard. Le chien est en apprentissage. Soyez compréhensifs. Avez-vous appris immédiatement ?

Pour l'instant limitez-vous à l'apprentissage de la marche en laisse. Et ne brûlez pas les étapes. Vous avez remarqué que nous avons commencé tôt son éducation.

Comme votre chien est un futur chien de garde, n'hésitez pas à le laisser mordre dans des objets prévus, linge enroulé, cordes... mais attention ce ne sera que ses affaires car vous les lui aurez donnés. C'est « Non » pour les affaires que le maître ne lui a pas données.

Les sorties devront être progressives en durée et en complexité. N'exposez pas votre chiot au centre-ville un samedi aux heures de pointe.

Commencez par des balades en campagne, puis en ville dans un endroit protégé du trafic, puis petit à petit exposez le chien.

Tôt ou tard votre chien aura peur. S'il vous plaît n'ancrez surtout pas ce comportement. Faites comme si de rien n'était et continuez à marcher. Il ne faut jamais féliciter un chiot pour un comportement inadéquat.

L'ancrage et le renforcement positif sont les méthodes pour préparer les chiens policiers, les chiens du RAID, les chiens de décombres… nous utilisons les mêmes méthodes.

Je vous résume ma méthode en deux points : l'ancrage et le renforcement positif. Rien d'autre jusqu'à six mois.

Quand on désire un peu de tranquillité à la maison, on peut utiliser un enclos pour chiot. Le chien doit avoir un repère, c'est son panier et : ou sa niche. Il doit de lui-même s'habituer à s'y rendre. C'est son coin, vous n'avez pas le droit d'y aller.

Vous devez aussi avoir une cage de repos. Il faut l'y habituer dès son plus jeune âge, en le mettant dedans.

Pour amener le chien à utiliser son panier puis à accepter sa cage de repos, il faut y placer au début un os à ronger, une friandise, son jouet préféré mais surtout sous le coussin la chemise qui a été utilisée pour l'arrivée du chien et qui porte votre odeur.

Ne l'oubliez pas l'ancrage olfactif est une façon de rassurer le chien. Vous voulez l'habituer à rester seul un moment dans la voiture, à l'hôtel, chez des proches, chez des amis, il faudra utiliser l'ancrage olfactif pour que le chien reste serein. Bien entendu l'apprentissage est obligatoire, c'est de l'immersion puis de la répétition. Donc apprenez au chien, puis répétez.

Prenez votre temps, le chien apprend très vite, mais ce

n'est pas un robot et parfois il fait son caractère. Dans ce dernier cas restez gagnants en n'insistant pas.

Le chiot ne devra jamais être dérangé lorsqu'il se trouvera dans son coin. Le chiot doit avoir à boire en permanence. Lorsque je me déplace je pense à amener de l'eau pour le chien. Un chien boit beaucoup, et de l'eau saine et propre.

Le chiot mange à heure fixe une ration prévue et si possible une alimentation de qualité. Il a 20 minutes, puis vous enlevez la gamelle. Vous préparez un chien de garde et de défense, et le refus d'appât sera primordial, donc commencez maintenant. Il n'y a que vous qui nourrissez le chien, et de grignotage, les friandises sont réservées au travail. J'utilise personnellement des croquettes bios qui sont prévues pour les chiens d'utilisation.

Pour les friandises, vous devez comprendre qu'elles sont nécessaires à l'éducation du chiot et plus tard du chien. La récompense est un outil d'éducation. Seulement la récompense est calorique. J'utilise du cœur de bœuf qui est une friandise sans gluten, sans sucre, sans sel.

Il est important de commencer très jeune à habituer votre chiot aux soins quotidiens : oreilles, yeux, brossage…

On peut croire que votre chiot est équipé de piles longue durée, mais il a besoin de beaucoup de repos pour grandir. Plus votre chiot est haut, plus il est enclin à des problèmes d'articulation, et les jeunes chiens peuvent développer des problèmes graves s'ils font trop d'exercice.

Attention aux exercices violents, aux escaliers, aux courses rapides, aux randonnées trop longues, trop d'exercices peuvent nuire à sa santé.

Le chiot ne doit pas dépasser ses propres limites. Soyez très prudent pendant sa croissance car le chiot développe son ossature et trop d'exercices peuvent engendrer des problèmes d'articulations.

C'est important de ne pas confondre vitesse et précipitation, dans l'éducation d'un futur chien de garde.

RÈGLES POUR L'ÉDUCATION

Il ne faut jamais toucher le chien. Ce n'est pas une question de taille ou de poids mais de caractère. Un chien peut mal interpréter une action ou un ordre, où être un jour mal luné. Vous allez éduquer un futur chien de garde.

J'entends par toucher, vouloir imposer à un chien une position.

Nous n'utiliserons pas de collier électronique ni de collier étrangleur mais nous utilisons un harnais de type professionnel dès quatre mois.

L'éducation du chien de garde ne pourra pas commencer si le chien est agressif, désobéissant, aboyeur ou fugueur. Si le chien montre une caractéristique inappropriée il faut poursuivre l'éducation de base.

Les races de chien autorisées au mordant ont dans les gènes le potentiel nécessaire à être des chiens de garde. Je vais me faire disputer, mais je vous affirme qu'il vaut mieux ne pas éduquer un chien, que de mal l'éduquer.

Il existe, de bons et de mauvais éducateurs, d'excellents clubs et d'autres qui sont infectes. Je vous invite à vérifier les diplômes des éducateurs.

Le chiot et le chien sont deux réalités différentes, et nous devons parler d'apprentissage pour le chiot et d'éducation pour le chien. Bannissez le mot dressage. Vous a-t-on dressés quand vous étiez enfants ?

Pendant le jeune âge, la psychologie du chiot est complètement différente. Le chiot réagit à des stimulations de façon différente du chien.

Il faut souligner que la construction mentale d'un jeune chien est comme une éponge prête à absorber des millions d'informations qui seraient difficilement reçues par un chien adulte. Un chiot ne doit pas travailler plus d'une demi-heure par jour jusqu'à six mois, ensuite la charge augmente.

Commencer l'éducation du chiot tôt. Mais respectez cette règle, il faut travailler souvent mais pas longtemps. Surtout le travail pour le chiot est basé sur le jeu et le plaisir.

Pour un futur chien de garde, le bon âge pour apprendre est dès trois mois. Il faudra adapter les programmes aux possibilités d'un esprit en plein développement.

Le jeune âge, chez le chien, est aussi celui de l'apprentissage des hiérarchies. L'avantage de l'éducation en club est que le chien est en contact avec d'autres congénères, c'est indispensable à sa socialisation.

Le chiot doit savoir d'instinct qui commande, à qui il peut se fier, qui il peut suivre et avec qui il peut tout simplement jouer. Il est préférable de passer par un club, ainsi le chien partagera avec d'autres chiens et vous avec d'autres maîtres ou maîtresses.

Les gestes pour éduquer son chiot ne doivent pas être brusques, pour ne pas prêter à confusion et ne pas faire peur au chiot.

Le contact avec l'animal obéit à certaines règles. Des gestes de félicitations trop amples accompagnés de cris de joie peuvent provoquer chez l'animal une peur telle qu'il n'est pas près de recommencer ce qu'il vient de faire, même si vous en étiez très satisfaits. Malheureusement ensuite ce sera très compliqué pour le travail de garde et de défense.

Aussi vous devez dès le début apprendre à moduler votre ton de voix. La première règle avec un chiot est de récompenser un comportement attendu, et de faire comme si de rien n'était avec un comportement inadapté.

Eduquer son chien à la garde

Un mot doit induire un comportement pour le chien. Il faut faire apprendre, faire répéter, puis faire associer le comportement à une attitude globale. Il s'agit de trois phases différentes.

L'apprentissage se fait en utilisant le jeu et la friandise. La répétition permet de travailler un comportement reflex. L'association va permettre au chien d'intégrer des enchaînements de comportements

L'ÉDUCATION DE BASE

L'éducation de base comprend, les positions de fixation, le stop et le rappel.

La procédure d'éducation sera identique. Prenons un exemple avec le comportement assis.

Vous choisissez le nom de l'ordre « Nom du chien-assis » et vous répétez l'ordre en vous positionnant à droite puis à gauche du chien.

Il ne faut surtout pas appuyer sur la croupe du chien, car le chien résiste et essaie de se relever. Même si par la force vous arrivez à le faire asseoir, il va ressentir cet ordre comme une contrainte et « Nom du chien-assis » deviendra une position de soumission. C'est une erreur grave d'éducation, qui engendrera des complications comme des comportements de crainte voir d'agressivité.

Il faut faire asseoir le chien sans aucune contrainte physique. Chaque fois que le chiot s'assoit de lui-même, dites « Nom du chien-assis » et félicitez-le en donnant une friandise.

Maintenant lancer une balle, vous verrez que le chiot s'assoit naturellement pour suivre votre geste du regard. Profitez-en pour lui dire « Nom du chien-assis » avant de lancer la balle. Recommencez, Félicitez oralement et par une caresse, puis donnez une friandise.

Après ce travail à la maison, vous allez travailler en club.

Le chien est debout, prenez une friandise et tenez-la au-dessus du nez du chiot. Il va lever la tête pour la regarder. Tendez alors votre bras vers la croupe du chien. Pour pouvoir regarder la friandise, le chien va lever la tête vers l'arrière. Continuez puis passé votre bras au-dessus de sa tête, le chien va s'asseoir. En moyenne il faut quatre à cinq leçons par position de fixation pour apprendre, ensuite le chien répétera ses gammes.

Chez vous à partir de maintenant le chien entendra l'ordre « Nom du chien-assis » régulièrement. Commencez par demander « Nom du chien-assis » lorsque vous donnez la gamelle. Ensuite demandez « Nom du chien-assis » avant de mettre la laisse pour la promenade. Soyez inventifs. Les occasions ne manquent pas.

Il ne faut pas donner d'ordres complexes pour le moment et encore moins d'ordres contradictoires, comme « nom du chien-assis — stop — pas bouger — au pied » c'est l'erreur la plus courante du débutant.

La répétition en club est en général une marche en cercle les uns derrière les autres et le moniteur demande un « Nom du chien-assis ». Vous répercutez l'ordre. Soyez patients mais par contre soyez exigeants, « Nom du chien-assis » doit être net avec une bonne position du corps. Vous avez un futur chien de garde soyez calmes, tranquilles, patients, et respectueux.

Pour l'ordre *assis* mettez une gourmandise vers le haut puis vous allez vers la croupe. En même temps vous donnerez l'ordre. Donnez la friandise et félicitez.

Pour le *coucher* mettez une gourmandise vers le bas devant la truffe puis vous reculez un peu. En même temps vous donnerez l'ordre. Dès le coucher donnez la friandise et félicitez.

Pour le *debout* mettez une gourmandise à hauteur de votre bras. Donnez l'ordre « debout » puis donnez la friandise et félicitez.

Pour le *stop* vous donnez l'ordre et vous vous arrêtez, le chien va vous imiter. Donnez la friandise et félicitez.

Si une position est mal comprise, vous revenez à une position assimilée avant, puis vous ressayerez.

Au fur et à mesure vous ne donnerez la friandise que si c'est parfait.

Vous ne passez à la phase répétition que lorsque les positions sont acquises. Il y a quatre positions de fixation : Assis, Coucher, Debout, Stop. Souvent les clubs oublient « Nom du chien debout ».

Maintenant nous allons enchaîner les positions.

Vous marchez avec le chien à vos côtés, vous démarrez pied gauche en avant, et tous les cinq pas vous donnez un ordre différent. « Nom du chien-Assis » « Nom du chien Couché » « Nom du chien Debout ». « Nom du chien Stop ». Allez-y progressivement. Vous ne récompensez que le mouvement parfait. Le chien doit être dans la direction de la marche au moment de la fixation.

Vous allez tous les jours travailler ses positions deux fois 15 minutes (par exemple matin et soir), puis vous allez deux fois au minimum par semaine travailler en club.

Après deux semaines d'association sur les positions de fixation vous enchaînerez en rajoutant les demi et quart de tour (généralement oubliés en club).

Vous marchez avec le chien à vos côtés, vous démarrez pied gauche en avant, et tous les cinq pas vous donnez un ordre différent, et vous rajoutez les ordres « à droite » « à gauche » « demi-tour droite » « demi-tour gauche ». Allez-y progressivement. Vous ne récompensez que le mouvement parfait. Le chien vous suivra dans la direction que vous prendrez tout à fait naturellement, l'ancrage se fait avec l'ordre qu'il finira par associer. Nous aurons besoin de cet ancrage pour les phases d'éducation futures.

Maintenant et seulement maintenant nous allons faire apprendre au chien un ordre complexe « Nom du chien - pas bouger ».

Vous marchez avec le chien à vos côtés, vous démarrez pied gauche en avant, et vous faites cinq pas vous donnez un ordre *assis*, puis *pas bouger*. Commencez à faire un pas. Redonnez l'ordre *pas bougez*. Revenez et donnez une friandise et félicitez.

Eduquer son chien à la garde

Au début mettez-vous face au chien et reculez de deux pas en répétant *pas bougez*. Vous augmenterez le nombre de pas progressivement. Ensuite vous demandez le même ordre mais le chien est à côté de vous. Félicitez. Félicitez. Répétez. Répétez. Félicitez. Félicitez.

Vous allez tous les jours travailler ses positions deux fois 20 minutes (par exemple matin et soir), puis vous allez deux fois au minimum par semaine travaillez en club.

Ensuite vous continuerez par « Nom du chien - debout - pas bouger » en respectant la même procédure. Ne mettez pas la charrue avant les bœufs. Si le chien ne maîtrise pas *assis*, puis *pas bouger* n'enchaînez pas.

À partir de là, vous répétez pendant quinze jours. Il faut travailler tous les jours deux fois 20 minutes et allez deux fois en club par semaine (si possible sinon une fois au moins, ce sera seulement plus long pour l'assimilation en réflexes par le chien) (les jours de club il n'y a pas de leçon à la maison). Le club va permettre de confronter le chien aux sollicitations des congénères, aux bruits, aux gens…

Maintenant nous travaillerons l'ordre « Nom du chien - debout - pas bouger » et vous continuerez à marcher. Le chien doit rester ou il est. Faites deux pas. Puis dites « Nom du chien - Au pied ». Soyez patients. Ne faites pas plus de deux pas, ensuite vous augmenterez la distance (c'est le secret). Au plus vous allez vous éloigniez au plus le chien voudra vous suivre, donc commencez très prés, puis doucement augmentez la distance. C'est l'école de la patience et cela payera, croyez-moi.

Maintenant pendant deux mois, au minimum une fois par jour et une fois en club par semaine, le mieux deux fois par jour et deux fois en club semaine, vous allez suivre la procédure suivante.

Vous marchez avec le chien à vos côtés, vous démarrez pied gauche en avant, et vous faites cinq pas vous donnez un ordre *assis*, puis *pas bouger*. Commencez à faire trois pas. Redonnez l'ordre *pas bougez*. Appelez le chien une friandise et félicitez. Vous marchez, vous enchaînez un ordre différent tous les 5 pas. Svp n'oubliez pas le Stop. Travaillez 10 minutes, faites une pause, travaillez 10 minutes. Si possible laissez jouer le chien. Il faudra une laisse longue ou une longe pour *le pas bougez*.

Maintenant pendant un mois, une fois en club par semaine, le mieux deux fois en club semaine, vous allez suivre la même procédure mais sans laisse ni longe. C'est essentiel de suivre cette progression. Soyez patients, le chien fera des erreurs, ou fera sa caboche, vous continuerez. Ne félicitez pas un mauvais comportement.

Enfin et seulement maintenant nous allons travailler le rappel. Pourquoi ? Tout simplement car maintenant vous avez créé la relation avec le chien, il est habitué à travailler avec vous, vous êtes à présent formatés ensemble. Trop de clubs font le rappel trop tôt ! et surtout avant une marche au pied sans laisse qui est le fondement du lien entre le MAÎTRE et le chien sans lien physique.

Certains clubs n'apprennent que la conduite à gauche, c'est une erreur et le chien sera gêné pour des sports comme l'Agility.

Le rappel est un comportement essentiel. Le comportement se déclenche sur l'ordre « Nom du chien - au pied ». Ne commencez jamais le travail de rappel chez vous. Le risque que le chien aille courir ou il veut est réel.

En club le chien est équipé d'une longe tenue par un éducateur. Vous vous éloigniez de la longueur de la longe et vous donnez l'ordre « Nom du chien — au pied ». Le retour pourra se faire soit à l'anglaise « le chien tourne derrière vous et se positionne » ou il vient directement et se retourne. Il faut travailler les quatre positions de retour au rappel « Anglaise à gauche » « Anglaise à droite » « à droite » « à gauche ». Quand le chien est à mi-course, vous indiquez, avec votre bras à votre chien, comment se positionner. Pour passer par-derrière à l'anglaise vous devez faire une torsion du corps, la main du côté choisi tendu.

Le travail du rappel sera répété à chaque séance

d'éducation, et à chaque sortie.

Vous allez apprendre au chien à rester en zone de surveillance avec le comportement associé à l'ordre « 5 mètres ». Dès que le chien dépasse la zone approximative de 5 mètres vous le rappelez avec l'ordre « 5 mètres ».

Ne lâchez jamais un chien en liberté avant un an et avant un rappel parfait que vous aurez testé en club et qui sera validé par un éducateur.

N'oubliez pas qu'avec une grande laisse le chien peut se balader. Attention, il faut un niveau parfait pour évoluer sans laisse et notamment un « Stop » immédiat parfaitement maîtrisé. Soyez vigilants et ne prenez aucun risque.

Pour l'éducation de base vous avez maintenant tous les outils en mains. C'est en forgeant que l'on devient forgeron. Cent fois sur le métier remettez votre ouvrage.

- L'ÉDUCATION À LA GARDE -

Votre chien doit d'abord être sociable, être psychologiquement stable, et avoir une éducation de base parfaite avant d'envisager d'en faire un chien de garde.

Il maîtrise les positions de fixation : assis, couché, debout et pas bouger. Il marche en laisse sans tirer, et fait les quarts de tour et demi-tour sur ordre. Il marche sans laisse en enchaînant les positons fixation et l'ordre *pas bouger*. Il maîtrise les positions de fixation associez à l'ordre *pas bouger*. Le *stop* et le *rappel* sont immédiats sur votre ordre. Votre chien a le CSAU et le TAN avec mention excellente.

Alors allons-y. Bon courage.

Vous allez choisir un maître-chien professionnel. C'est impératif pour le mordant. Un professionnel va utiliser le jeu sans aucun accessoire entraînant de la douleur chez votre chien. Apprendre à son chien à monter la garde ou à défendre signifie avant tout apprendre au chien à faire la différence dans les situations, mais pour cela il va falloir vivre les situations et que le chien acquiert des procédures qui deviendront des routines.

La patience est de rigueur. Votre chien ne naît pas chien de garde et de défense, il va falloir du temps et de nombreuses séances pour lui apprendre.

C'est peut-être long, mais quel bonheur une fois que vous avez réussi ! Et vous allez réussir. L'important c'est la régularité des séances. Pour la durée des séances, je vous recommande une heure, pour la fréquence deux fois par semaine. N'oubliez pas les pauses. Observez votre chien s'il en marre faites immédiatement une pause.

J'en vois beaucoup qui apprennent directement à attaquer à leur chien. C'est dangereux. Le chien doit d'abord apprendre à surveiller et à alerter.

Il ne faut pas apprendre au chien à mordre ou à attaquer, avant qu'il ne sache donner l'alerte et faire éloigner l'intrus.

Pour apprendre à donner l'alerte, votre chien doit d'abord bien connaître les situations où il n'y a pas lieu de donner l'alerte.

Donc c'est l'ordre « non » dans les situations non désirées.

Commençons par l'apprentissage de base chez vous, en parallèle en club le chien sera en apprentissage pour lever toutes ses inhibitions.

Vous êtes seuls à savoir qui laisser entrer chez vous. Le chien doit donc se trouver dans son coin lorsque quelqu'un sonne. Une personne sonne « *non du chien à ta place* ». Le chien s'exécute, n'oubliez pas la récompense et la caresse. Vous répéterez autant que nécessaire.

Maintenant après l'entraînement à la sonnette, vous autorisez une personne à entrer. Faite signe à votre chien de s'approcher de la porte et vérifier qu'il reste neutre, ni bon ni mauvais. Donnez l'ordre *« c'est bon »*, le chien repart à son panier. N'oubliez pas la récompense et la caresse. Vous répéterez autant que nécessaire.

Maintenant dans le jardin ou dans la cour, une personne approche du jardin, et le chien alerte. N'oubliez pas la récompense et la caresse. Vous répéterez autant que nécessaire.

Le chien ne va pas rester au coin car il y a quelqu'un. Vous devez le laisser vivre sa vie, surtout si la personne invitée reste un moment chez vous. Demandez juste aux gens que vous accueillez de ne pas s'occuper du chien. Si le chien vient près de la personne invitée donnez l'ordre « *tu laisses* ». N'oubliez pas la récompense et la caresse. Vous répéterez autant que nécessaire.

Ces procédures ne concernent que les invités pas la famille. La famille doit être immergée avec le chien : ballade, jeu, travail du chien, et accompagnement du chien à l'éducation en club.

Tordons l'idée reçue à l'éducation du chien qui ne doit laisser sortir personne de chez vous. Jamais. C'est inadmissible. Le chien de garde est éduqué à l'analyse de situation : donc sauf s'il y a un danger sinon il n'intervient jamais. Les dangers c'est vous qui les lui apprendrez.

Tordons le cou à une autre idée reçue celle qui prétend qu'il n'est pas forcément indispensable de dresser un chien à la garde pour qu'il comprenne qu'il doit garder la maison lorsqu'il est seul. Certes le chien aboiera, mais il sera en panique s'il doit intervenir. Et c'est très dangereux, car le chien ne sait pas mordre donc ce sera de la charpie si le chien fait face. La plupart du temps, s'il n'a pas appris à monter la garde, un chien préférera toujours s'éloigner du danger.

Un chien dressé à monter la garde surveille et alerte. D'ailleurs, l'un des fondamentaux absolus pour apprendre à monter la garde à son chien, c'est la socialisation très avancée.

Maintenant votre chien connaît la procédure de la sonnette et sait ce qu'il doit faire si des amis arrivent chez vous. C'est parfait.

Nous allons maintenant encourager le chien à aboyer lorsque des étrangers approchent trop près du grillage du jardin, de la porte d'entrée du jardin. C'est très simple, le chien aboie il le fallait car c'est une alerte. N'oubliez pas la récompense et la caresse. Ce n'est pas une alerte le chien à aboyer donnez l'ordre *non* puis l'ordre *tu laisses*. Si le chien aboie sur un passant c'est *non*, Si le chien aboie sur un bruit distant c'est *non*. À vous de décider des situations autorisées au chien pour lancer l'alerte par un aboiement.

L'éducateur vous proposera un test. Évitez de demander à un quidam lambda de tester le chien et encore moins un membre de la famille.

Rappelez-vous : il y a trois degrés d'alerte : l'aboiement, le grognement, l'attaque. Vous avez éduqué le chien au premier niveau d'alerte : l'aboiement.

Pour le grognement, le chien grognera et montrera en même temps les crocs. Cela ne s'acquiert au travail du mordant. Au début l'éducateur va éloigner les peurs du chien. L'éducateur sous forme de jeux proposera au chien des chiffons à mordre, là vous repérez l'attitude du chien au moment de la prise. Vous associerez l'ordre « *grogne* », et l'éducateur continuera de travailler. Une fois chez-vous il faudra travailler avec le chien. Demandez-lui « *grogne* ».

La position d'attaque et l'attaque sont apprises lors de l'éducation au « *mordant* » avec l'éducateur. L'important ne sera pas que le chien réagisse sur un homme caparaçonné, mais qu'il cesse immédiatement dès que l'ordre est lancé.

Vous l'avez compris l'éducation à la garde est un ensemble complet d'associations de comportements, ce n'est certainement pas que du mordant.

En conclusion, un chien de garde n'est pas un chien qui aboie dès qu'il voit un passant, un vélo ou un autre animal passer devant chez vous. Ce n'est pas non plus un chien qui ne fait aucune différence entre le facteur, les amis, les voisins ou un rôdeur.

Lorsque l'on a un chien de garde, on doit toujours être en mesure de prévoir sa réaction face à une personne malveillante. Les chiens qui aboient face aux gens qui passent ne font que répondre à un instinct, sans avoir appris comment réagir. Un chien qui monte la garde est un chien qui a appris son travail. Un chien de garde a appris à faire la différence entre les personnes indésirables et celles qui le sont. Il veille, il surveille, il alerte. Ce n'est pas un chien agressif et il n'attaquera jamais sans en avoir reçu l'ordre de son maître ou d'être dans une situation qui lui impose d'agir.

Votre chien de garde sait maintenant donner l'alerte en cas d'intrusion d'une personne inconnue si besoin contenir un intrus dans un espace donné et ce le temps que son maître intervienne.

Même si certaines races ont une facilité à apprendre la garde, l'erreur à éviter est de ne pas les éduquer. Aucun chien, même avec un excellent inné, ne saura de lui-même analyser un danger et approprier sa réponse.

Une fois le chien éduqué, vous devriez faire du RCI, et présentez le chien au TATD.

LE CHIEN ET LE SPORT

Le RCI est un concours international qui a vu le jour dans les années cinquante sous l'initiative de la France, l'Allemagne, le Luxembourg, la Suisse et l'Italie. L'épreuve est décomposée en trois parties : le pistage, l'assouplissement et la défense et protection.

Pour la partie Pistage, le travail de flair est noté. Sur 100 points. Le chien travaille sur une piste tracée une heure avant, le pistage se fera le plus précis possible le chien devra marquer ou relever 3 objets déposés par le traceur. Longueur de la piste 600 à 800 pas avec 4 angles droits.

Assouplissement, le chien devra effectuer diverses suites, positions, rapport, saut en avant et absence, sous les ordres de son maître de la façon la plus rapide et précise possible sans débordement accord parfait avec son conducteur.

Défense, Particularité, la partie mordante s'effectue uniquement sur la manche de protection de l'homme assistant, le chien se montrera particulièrement combatif, mais devra reprendre son calme dès l'ordre de cessation de son maître et garder une vigilance parfaite jusqu'à la fin de l'exercice.

Le TATD (Test d'aptitude au Travail de Défense), est le test d'aptitude au travail de défense. Le chien doit avoir 15 mois au minimum, être titulaire d'un CSAU, avoir une licence CUNCBG en école de Ring ou RCI.

D'abord le chien est tenu au collier à une vingtaine de mètres d'une cache ou se situe un homme d'attaque (H.A) pour l'instant caché. Sur ordre du juge, le HA se montre et le maître envoie le chien. La présence et l'aboiement doivent être constants dans l'action.

Ensuite, le chien est tenu au collier. L'H.A. s'enfuit, tire un coup de feu à 2 mètres environ. Le chien est envoyé à l'attaque par le maître. L'H.A. tire un deuxième coup de feu le chien fait une prise. La durée de prise est au minimum de 10 secondes. La prise doit être rapide et profonde en mâchoire.

Enfin le chien est tenu au collier en position de départ au pied du maître puis envoyé sur ordre du juge sur l'H.A. menaçant sans faire barrage, ni obstruction, ni gestes trop appuyés. Le chien donne la prise. Le maître donne l'ordre du stop. La durée de prise est au minimum de 10 secondes. La prise doit être rapide et profonde en mâchoire. Le stop devra être net et immédiat avec rappel aux pieds.

L'HYGIÈNE DU CHIEN

Le chien subit une mue deux fois par an (au printemps et en automne) en lien avec le changement de luminosité à ces périodes. Les chiens vivant en intérieur perdent leurs poils toute l'année avec des périodes plus fortes au printemps et en automne. Un chien à forte densité de poils, doit être brossé chaque jour pendant la période de mue.

Les oreilles : vérifiez régulièrement la propreté des oreilles de votre chien. En cas de besoin il faut les nettoyer avec une lotion adaptée (vous les trouverez chez votre vétérinaire, en pharmacie ou en animalerie) en utilisant une "lingette" ou du coton. N'utilisez jamais de coton-tige, vous pourriez blesser votre chien en cas de mouvement brusque de sa part et de toute façon vous ne feriez que tasser les saletés dans le fond du conduit.

Les yeux : nettoyez-les régulièrement avec une lotion spéciale. Tout écoulement anormal doit être immédiatement signalé à votre vétérinaire.

Les dents : surveillez attentivement l'état d'entartrage des dents. Le tartre est responsable de problèmes graves tels que le déchaussement précoce, la mauvaise haleine, les abcès dentaires…

Pendant la croissance de votre chien vérifiez régulièrement sa dentition : ses dents de lait vont tomber lorsqu'il aura environ 4 mois. Cela peut passer de façon inaperçue car il va en avaler une grosse partie. En cas de doute sur le changement de dents de votre chiot, demandez conseil à votre vétérinaire.

Les griffes : en principe elles doivent s'user régulièrement avec la marche sur sol dur.

Bain : vous pouvez baigner votre chiot 8 jours après le premier rappel de vaccins. Utilisez toujours un shampooing spécial chien (animalerie et pharmacie) et prenez soin de bien le sécher après (attention au sèche-cheveux qui peut lui brûler la peau si vous le mettez trop près). Idéalement, l'eau du bain doit être tiède. N'abusez pas des bains.

LA SEXUALITE DU CHIEN

La maturité sexuelle du chien se produit autour du septième mois chez le mâle, et entre sept et dix mois chez la femelle. Par contre, le chien peut manifester des désirs sexuels dès l'âge de sept semaines, sous forme de jeux où l'accouplement est simulé. La femelle connaît des périodes de chaleurs ou œstraux, en général, tous les six mois. Il arrive que cet intervalle varie entre 4 et 8 mois. Ces périodes se produisent au printemps et à l'automne ; elles correspondent à l'ovulation et dure de 15 à 20 jours. La fécondation peut se produire entre le septième et le quatorzième jour. L'urine contient alors des phérormones qui attirent les mâles. La chienne a des segments généralement appelés menstruations, bien que le terme exact soit diapédèse. Il s'agit de globules rouges qui traversent la paroi. Si un mâle montre de l'intérêt, la chienne fera savoir son contentement en plaçant sa queue de côté, pour présenter son vagin.

Lors de copulation, un bulbe sur le pénis du chien se gorgera de sang. Le chien ne pourra se séparer de la femelle tant qu'il ne se désengorgera pas, cela peut prendre de 15 à 20 minutes. Attention, il est très important de ne pas tenter de séparation sous aucun prétexte cela risquerait de déchirer le vagin de la femelle.

Si vous voulez faire s'accoupler deux chiens, il est préférable d'emmener la femelle chez le mâle car ce dernier peut refuser de copuler en territoire inconnu ou s'il a peur. Il est à noter que le mâle est le seul à posséder un os dans le pénis, appeler os pénien. Il arrive qu'il y ait des cas d'homosexualité chez le mâle. Ce comportement est dû à une frustration sexuelle. Cette frustration peut provoquer de l'agressivité et des fugues. Chez la femelle, les fugues sont un peu plus rares, mais elle peut devenir surexcitée.

Pour un chien de garde et de défense, la période de reproduction nécessitera de la vigilance. À titre personnel j'utilise de la contraception réversible avec mes Bergers Belges au printemps et en automne.

<u>FIN</u>

Le code de la propriété intellectuelle n'autorisant, aux termes de l'article L. 122 — 5, 2 ° et 3 ° a, d'une part, que les « copies ou reproductions strictement réservées à l'usage privé du copiste et non destinées à son utilisation collective » et, d'autre part, que les analyses et les courtes citations dans un but d'exemple et d'illustration, « toute représentation ou reproduction intégrale ou partielle faite sans le consentement de l'auteur ou des ayants droit ou ayant cause est illicite » (art. L. 122-4). Cette représentation ou reproduction, par quelque procédé que ce soit, constituerait donc une contrefaçon sanctionnée par les articles L. 335-2 et suivant du Code de la propriété intellectuelle.

Le droit d'auteur français est le droit des créateurs. Le principe de la protection du droit d'auteur est posé par l'article L. 111-1 du code de la propriété intellectuelle (CPI) qui dispose que « l'auteur d'une œuvre de l'esprit jouit sur cette œuvre, du seul fait de sa création, d'un droit de propriété incorporelle exclusif et opposable à tous. Ce droit comporte des attributs d'ordre intellectuel et moral ainsi que des attributs d'ordre patrimonial ».